Crónicas y Anticrónicas de Barcelona (I)

CARLOS ECHEVERRY RAMÍREZ

Crónicas y Anticrónicas de Barcelona (I)
Copyright © 2004-2013, Carlos Echeverry Ramírez

ISBN -13: 978-1483975719
ISBN -10: 1483975711
Title- ID: 4223861

www.carlosecheverryramirez.org

Catonet Comunicaciones Grupo®
Charrúa Editores®
http://www.carlosecheverryramirez.org

Biografía

Nació por cosas de la vida en Colombia. Ciudadano canadiense desde el año 1987.

Estudió Lengua y Civilización Francesa. Narrador, fotografo, y Poeta aficionado. Especializado en Diseño Grafíco y sistemas de redes. Poliglota, ha vivido durante los últimos 35 años de su vida en las principales ciudades del Mundo. Entre ellas Paris, Londres, Frankfurt, Amsterdam, New York, Barcelona, Buenos Aires, Vancouver, Bogotá Berlin, Paraná, y Toronto.

En forma silenciosa ha ido entrando en los lectores de los pueblos pequeños de Hispanoamérica y en países como son: Colombia, Argentina, Ecuador, España, Mexíco, Chile, Uruguay, Francia y Alemania y éntre la gran comunidad hispana de los USA. Su ilimitada imaginación y capacidad de fabulación y creación de cuentos, relatos y novelas le tienen yá asegurado un creciente sentimiento de admiración y respeto a la originalidad de sus palabras escritas entre los seguidores y lectores de habla hispana repartidos por todo el mundo.

Tiene cinco libros publicados. Algúnos escritos para Teatro. Guardados tiene dos libros de poesía y dos novelas ineditas esperando el momento apropiado y el lugar indicado para salir al mercado.

Sin prisa algúna ha ido creciendo en forma clara, segura y transparente en el difícil arte de la Narración y Escritura.

PARA:
CAROLINA

CRÓNICAS Y ANTICRÓNICAS DE BARCELONA (I)

Cuando ese día del mes de noviembre Gorka bajaba lentamente los veinte escalones contándolos uno a uno, para llegar al sótano de la clínica Santa María, no sabía a dónde iba ni qué le aguardaba. Nunca había vivido algo parecido en su vida, y mucho menos en los lugares de tantos países donde había logrado sobrevivir.

Al descender los escalones se sintió más solo que nunca en este mundo. Podía escuchar muy bien su respiración y los latidos de su corazón a punto de estallar. Siguió las indicaciones del hombre pequeñito que parecía un duende o un ser de otro planeta, que lo recibió con amplia risa al llegar. —Señor, camine al fondo, luego gire a la izquierda y al final del corredor, a la derecha, baje las escaleras, luego encontrará una puerta que permanece abierta de día y de noche.

—¿Por qué siempre está abierta? —preguntó Gorka ingenuamente— Allí está la muerte y siempre nos está esperando —le respondió con tímida sonrisa el hombre, sin cambio alguno en la expresión de su rostro y como acostumbrado a esas palabras.

Callado, Gorka lo miró incrédulo— Gracias, señor, gracias —le respondió impávido, con palabras entrecortadas. Aún hoy, caminando por la plaza Cataluña en Barcelona, recuerda sus palabras como un eco.

Se quedó unos segundos pensativo y viajó mentalmente al lugar donde vino a este mundo hacía 43 años, en un pueblo caluroso del Valle del Cauca. Ese día el médico llegó a la casa de su padre a la una de la tarde, con toda parsimonia se bajó del automóvil Opel verde oliva y golpeó tres veces en la puerta. Se llamaba, extrañamente, Baltasar de los Lagos. Era un hombre, calvo, que usaba anteojos redondos; vestía camisa blanca de manga larga, pantalón kaki y corbatín negros. Con su maletín también negro, entró saludando parco, disimulando la tartamudez que padecía desde un susto en la infancia. Sacó los instrumentos necesarios, los organizó sobre la improvisada mesa y ayudó a la joven mujer a dar el empujón final para que Gorka empezara su vida y su misión en este mundo, para que llegara con un llanto que todavía hoy, 43 años después, aún perdura.

Mientras recorría lentamente los largos y silenciosos espacios de la clínica hasta el sótano del edificio donde lo esperaba la muerte, pensaba cómo reaccionaría frente a lo desconocido. Así, contando los escalones en medio de la semioscuridad y del frío que lo invadía, llegó al final de la escalera. Allí estaba el cadáver de su único amigo, de su gran héroe después de todo lo vivido y conocido: su padre, solo íngrima, dentro de una bolsa plástica de color azul.

Cuando lo vio, le impactó lo pequeño que se había vuelto. Parecía un niño. Dudó por un momento que fuera el cuerpo de ese gran hombre que había sido su padre… Observó detenidamente todo a su alrededor, vio el cierre metálico de la tula plástica que iba de la cabeza a los pies y sin pensarlo dos veces la abrió lentamente. Le miró la expresión de la cara, la posición de las manos sobre el pecho, lo tocó y todavía estaba tibio. Le organizó el cabello con ternura, sonrió al recordar el último corte punk que le había hecho dos semanas antes y que ahora lo acompañaría en su viaje a la eternidad. El cabello blanco estaba aún brillante. Gorka percibió en la expresión de su padre una paz serena y profunda, como el silencio eterno de las majestuosas montañas y los fértiles valles que recorrió cuando era niño.

Mientras lo observaba sin afán, escuchaba los sonidos de la lluvia y los truenos, el ruido de las cañadas y las aguas al caer entre rocas desde las montañas. Sentía el canto de los pájaros que él le enseñó a distinguir e imitar en las auroras y el olor a tierra mojada. Se volvió a quemar los pies en ese instante con el calor de la arena del océano Pacífico cuando su padre lo llevó a conocer el mar. El canto del nuevo amanecer y de todos los pájaros de sus selvas estaba allí a su lado y ninguna lágrima salió de sus ojos mientras lo abrazaba por última vez. Se acercó a él, lo abrazó de nuevo como tantas veces y le dijo casi en secreto, como aquellos sonidos al amanecer traídos con la nueva brisa: "Papá, no te preocupes, tus últimas palabras están guardadas en mi memoria, tu ejemplo de hombre intachable será mi mejor compañero, y recordaré en cada segundo de mi vida lo que hace solo unas horas me decías: 'Hijo, de mí dirán todo lo que quieran, podrán hablar lo que quieran, pero nunca podrán decir que fui un hombre corrupto, que vendí mi conciencia por esos malditos dólares. Nunca podrán decir que fui un contrabandista de armas, de repuestos, de licor, cigarrillos, que fui un prestamista o agiotista, que fui un avaro, un tahúr, y mucho menos un testaferro de mafiosos o políticos ladrones que tanta desgracia le han traído a nuestros pueblos. Hijo mío, vete cuanto antes de este país de mierda… te lo ruego ahora que mi muerte está muy próxima, no olvides nunca y escribe algún día que esto aquí, en este país, lo han manejado las putas, los ladrones, los asesinos, los curas maricas, los camanduleros, los criminales, los militares y los políticos corruptos de toda la gran puta vida, ¡país de mierda! Hijo mío, vete muy lejos, no vuelvas a esta tierra ingrata de ladrones y asesinos en sus instituciones, donde los ancianos como yo que trabajamos toda una vida honradamente para hacer patria, igual que los niños y las otras mujeres ancianas se mueren de hambre en la ignominia del gobierno, y no tenemos ni siquiera el derecho a una vejez digna y a una muerte tranquila. Los viejos como yo y los otros hombres ya no nos morimos por las malditas balas asesinas como los jóvenes, sino del susto, del terror cotidiano y de la ilimitada tristeza de ver esta arrastrada e inmerecida vergüenza en que se convirtieron nuestras instituciones. Hijo, cuando estés muy lejos busca a un anciano muy amigo mío, ese hombre es muy justo y sabio, él te ayudará siempre. Se llama Pau, es catalán y está en todas partes. En España es un gran poeta, él te ayudará a editar tu próxima novela'. —Sí, papá, así lo haré".

Ese día, Gorka besó a su padre en la mejilla como siempre se despedía de él, y lo dejó descansar mientras traía lo necesario para la noche, aunque ya sabía que de esa noche no pasaría.

Unas lágrimas resbalaron por su rostro y Gorka sonrió abrazándolo como tantas veces.

Ahora, recordando sus últimas palabras mientras cruzaba la plaza Cataluña, lo invadía el orgullo por él y una extraña felicidad. Siguió caminando con dirección a la pensión X, cerca de las ramblas, donde llevaba ya viviendo muy cómodo unos meses. Gorka veía que la navidad se aproximaba con su esperada nochebuena. Los vientos eran más fríos y los días pasaban sin encontrar al anciano Pau que tanto buscaba. En las tardes se sentaba en las ramblas a tomar café con unos pocos amigos. Vivía en aquellos días en la calle Hospital. En esa pensión le asignaron una habitación en el tercer piso. No supo ni preguntó por qué le destinaron aquel habitáculo pero era el más grande y con baño privado. Todos los días entraba en ella tranquilo y alegre, solo le interesaba que pasaran los días, terminar el proyecto en España y editar su novela.

Con el correr de las semanas observó que la gente del barrio, los asiduos a los cafés vecinos y los de la recepción llamaban Manicomio Feliz al tercer piso. Allí vivían turistas gringos y europeos, algunos pensionados, también los locos funcionales y productivos de la ciudad. Gorka no se sentía incómodo en lo más mínimo compartiendo su vida con estas personas. ¡Qué locos ni qué...!, esa es la vida. No le importaba nada, hasta se reía más de lo acostumbrado con las locuras de aquella pandilla y las cosas que le contaban. Él era el más joven de todos, incluso algunos de ellos podrían ser su padre o su abuelo. Respetando la jerarquía y la condición de cada uno de sus compañeros, vivía muy tranquilo y feliz en el piso.

Estos ancianos soportaban los días y los meses completamente solos. Veían pasar las horas, silenciosos, sentados en la recepción de la pensión. En la banca de un parque tomando el sol o charlando entre ellos, repitiendo monólogos interminables en medio de la soledad. Gorka se percataba que aquellos ancianos estaban totalmente abandonados por sus familias. Nadie se ocupaba de ellos, nadie los determinaba, nadie los quería. Y pensar que cuando eran jóvenes y bellos eran tenidos en cuenta, pero ahora que estaban inútiles, viejos, muecos, enfermos y, lo peor de todo, miserablemente ya nadie velaba por ellos.

Cuando la muerte les iba llegando, unos la aceptaban tranquilos; otros, muy angustiados, trataban de quedarse en este mundo, y haciendo un esfuerzo sobrehumano por no irse se recuperaban de sus achaques físicos temporalmente, pero al poco tiempo se resignaban al hecho de no poder más con su cuerpo extenuado y se marchaban del todo de esta tierra. Solo en muy pocos se veía el terror. La muerte era para muchos, o para casi todos, un extraordinario triunfo.

Días posteriores al entierro de uno de los ancianos o de alguno de los jóvenes adolescentes que iban muriendo en los diferentes conflictos, nos embriagábamos a veces casi por semanas enteras, por la desesperación de la realidad cotidiana. "¿Por qué no?", se decían los jóvenes; y preguntaban los ancianos: "¿A quién le importa nuestra vida? A nadie".

Gorka se preguntaba por qué muchos ancianos sentían más miedo a la vida, más temor a lo desconocido que a la muerte misma. Llenando su curiosidad y tratando de encontrar respuestas se pasaba horas y horas escuchando sus historias y sus vivencias. Contaban sus sueños fallidos, sus ilusiones idas, sus cansadas quejas, sus llantos ya secos. Quedaba en ellos solo el cansancio de la violencia, la guerra y la miseria. Otros se conformaban con la dura realidad de saber que no eran eternos y que sus días estaban contados, igual que aquellos a quienes sin compasión habían enviado a la muerte con el efímero poder y bombardeos nocturnos, acompañados de la tiranía de nuestros sistemas políticos y económicos.

Mientras los días transcurrían, los inquilinos del tercer piso de la pensión sabían con certeza cuál sería el próximo en morir. Pero a los ancianos les inquietaba su reproche de haber sido cobardes por no haber sido capaces de levantar la voz de protesta, un grito infinito y universal de reprobación ante tanta injusticia, siendo testigos cómplices y silenciosos del terror que padecían los otros seres humanos, mujeres, ancianos y niños de Latinoamérica y África.

Gorka meditaba que, hoy día lo más grave para jóvenes como él era sentir que muy pronto también serían ancianos impotentes para cualquier acto, y que dejarían a sus hijos y nietos y a las futuras generaciones un mundo plagado de violencia y barbarie donde lo único que se respira es el horror. Un mundo que no es mundo. Un mundo donde la muerte es lo único grato y merecido, porque lo que no se murió en la guerra se pudrió en ella para siempre y mucho más, y para peor desgracia, en la familia, la comunidad y su país querido: Colombia.

Días después, en la pensión, y en esas gratas noches cuando estaba con los ancianos escuchando sus historias, observaba como se reían de ellos mismos, sus debilidades, achaques y limitaciones físicas. Trataban de comunicarse con la vista y con palabras soltadas entre los quejidos y dolores insoportables de sus cansados cuerpos. Era penoso aceptar que lo decían en medio de los gritos porque casi todos estaban sordos.

A uno de los ancianos le pregunté una noche: "Paco, ¿es verdad que eres sordo?". Con mirada maliciosa, pasándome despacio una copa de licor en medio de la reunión, dijo: "Anda cojones, Gorka, ¡brindemos por tu salud! No preguntes gilipolleces a estas horas de la noche". Y haciendo el gesto de silencio con el dedo en los labios dijo susurrando: "¿Cómo haces ese preguntón a estas horas de la noche cuando ya llevamos tres botellas de whisky y nos hemos fumado dos porros?".

Soltando la risa, el anciano contó entusiasmado lo siguiente: "Sí, mi querido Gorka, decidí volverme sordo después de meditarlo muchísimo tiempo. Ya tenía una úlcera en el estómago y me habían dado dos infartos. Decidí no escuchar más el mundo exterior. No quería ni quiero escuchar más mentiras a toda hora y en todas partes: la radio, la prensa, la TV, los cafés... las mentiras de siempre de los políticos corruptos y de los gobiernos mediocres. ¡Salud, Gorka! ¡Salud, todos los presentes esta noche!". Todos brindamos con Paco y seguimos oyendo su historia.

"Majo, escúchame bien... Un día, cansado de todo, desesperado, y no encontrando personas con quién compartir estas locuras que te cuento sobre la maldita miseria y la irracional violencia en esta tierra triste al igual que en mi vida familiar, viviendo con una mujer como la Antonia, a quien solo le interesan las pesetas y la monarquía, como a mí ahora, que después de viejo, igual de bruto que ella, solo me interesa la lotería y el fútbol, decidí dar un cambio radical a mi vida. Una tarde me tropecé y me caí en la calle, luego fui llevado inconsciente al hospital de urgencias de Barcelona.

Le hice creer a los médicos cuando desperté, pero más que todo a la gorda Antonia que lloraba a mi lado desconsolada, que había perdido el oído y que no escuchaba nada. ¡Nada! La Antonia se acostumbró a perder su interlocutor cotidiano y le tocó seguir echando cantaleta sola todo el día en la casa: 'Paco, ese sordo gilipollas de mi marido que se las pisa y se las pisó toda la vida, está sordo'. Ella ya no me habla ni discute cuando me viene a pedir las pesetas, así vivo más tranquilo y feliz. Hace años que nos separamos, ahora solo la recuerdo por las fotos en blanco y negro, amarillentas, de la época en que la conocí y éramos adolescentes que creíamos en el amor. ¡Salud y salud!

"Sí, Gorka, aprovecho este momento para preguntarte algo, lo mismo que a ustedes, presentes en la reunión", "¿Dónde está la mujer de Hispanoamérica y el mundo que ha provocado entre todas las personas cercanas una toma de conciencia del control de las armas nucleares? ¿Dónde está su protesta masiva contra la violencia establecida por los gobiernos del mundo que arrasan con pueblos inocentes en muchísimos lugares, sin razón ni lógica, solo por codiciar la efímera riqueza del oro y el petróleo?

¿Dónde están esas mujeres que buscan y buscamos los hombres honorables hoy en día? ¿Dónde están esos seres que creen en la vida divina, que sienten en su cuerpo los latidos de un nuevo corazón, el tiempo con sus amaneceres, los murmullos dulces, las canciones de cuna, el sonido del río, el mar, la brisa, la lluvia, tu sonrisa, la de tu hija, la de mi hijo, la vida, tu vida, el aire que respiras, tu sangre, los guaduales, el arpa, el bambuco, el bandoneón, las montañas, las risas de todos los de este mundo?.

¿Dónde están las protestas de la mujer contra aquel ser que destruye sistemáticamente y sin piedad lo que ella creó con tanto amor? ¿Dónde está esa mujer, Gorka, dime tú?".

Todos en la habitación nos quedamos en silencio para seguir escuchando al anciano: "La vida de hoy ya no es vida. Es un contrasentido de todo aquello que hace y ha hecho la mujer por tantos siglos, y que con trabajosa esperanza ella dispone como puede, a veces con esfuerzos sobrehumanos para preservar la vida y la alegría en ella y sus congéneres... ¿Por qué ese silencio de la mujer moderna contra la violencia ilimitada que ejerce sin control el hombre bruto? Gorka, escúchame bien, y también ustedes aquí en esta noche. Es muy triste tener que admitir y concluir que la mujer contemporánea asimile como un hecho normal la violencia que se vive en todo el mundo. ¡No acepten esa violencia! ¡Nunca!", dijo el anciano con emoción. Levantándose de la silla pidió un trago, bebió un poco, brindó nuevamente y continuó hablando: "¡Salud todos! Creo que muchísimos hombres, al igual que yo y los de esta reunión, estamos de acuerdo. Es algo realmente estúpido, sin sentido alguno. Dios mío, ayúdanos a todos los hombres de la Tierra a encontrar un camino para vivir en armonía, para que nuestros hijos y sus hijos y todos los niños del mundo puedan vivir mejor y felices. Nunca un hombre consciente de que es un ser en evolución, se atrevería a manejar un fusil, máquina, tanque o cualquier arma de guerra, de esos que tanto pánico causan en niños, mujeres y ancianos. Nunca un hombre debe aceptar el manejo del aparato que solo lleva odio, muerte, miseria humana y dolor. Cualquier niño del mundo que ha sentido en carne propia la estúpida y horrorosa guerra, sabe perfectamente el terror y la amargura permanente que ella produce desde el primer instante en que oyen impotentes esos helicópteros con sus sonidos asesinos". Las últimas palabras de Paco nos hicieron quedar en silencio, meditabundos.

Por el calor del verano, la puerta de la habitación de Gorka siempre estaba abierta. Sobre un escritorio prestado tenía una computadora, un scanner y dos impresoras, sus buenos utensilios de trabajo listos en todo momento. En las mañanas, desde muy temprano, se dedicaba al diseño gráfico: afiches, logotipos, cualquier cosa que le permitiera pagar sus gastos. También inventaba historias para el centenar de personas que a diario llegaban por allí, pidiéndole al gobierno español refugio o asilo político. Lo mejor de todo era que a veces le tocaba inventar historias sin haber estado en Sierra Leona, Liberia o Kenia; sin conocer el medio o las circunstancias por las cuales la persona solicitaba asilo o refugio. Sin embargo, a veces este les era otorgado.

Así vivía Gorka en Barcelona; durante el día, observaba y sentía la muerte a cada momento, el dolor ajeno, la angustia, el hambre y el llanto cotidiano en los rostros de niños, mujeres y ancianos, gente de los más disímiles países que llegaban a España. Veía cómo trataban de escapar de la muerte, el horrible drama de los refugiados y desplazados por la violencia. Y eso lo ponía a pensar en la maldad que hay en el mundo. La indiferencia y egoísmo ante el dolor ajeno era algo que nunca había podido entender ni aceptar. Muchas veces había pensado y dicho a sus pocos amigos: "En este mundo el problema no es de pobreza, sino de una distribución más equitativa de los recursos que genera la riqueza".

Al saber cada semana que se nos iba uno de los amigos que asistían a las reuniones y fiestas que hacíamos en la pensión, me convencía cada vez más de lo fugaz que es la vida.

En el fondo de la habitación, entre los ancianos, Mari Carmen gritó: "Escuchen todos, me cago en la hostia y todo el Opus Dei completito, con todas sus sucursales en el cielo y con todas sus colonias llenas de maricones en la tierra. Me voy por un rato a traer más velas antes de que se acaben. ¿Quién necesita algo de la recepción? A ver, ¿qué es lo que quieren o necesitan para ser felices?".

Ya sabíamos quién sería el próximo en morir esa noche.

Me paré en silencio y caminé muy despacio hacia la ventana. Quería sentir la brisa y el olor a mango dulce. Era quizás esa nostalgia por la brisa del Caribe la que me llevaba a viajar con la mente recordando aquellos lugares donde fui feliz. Miré a través de la ventana y todo era silencio. Siempre hallo el silencio al final. Siempre. No sé por qué, pero el silencio está allí a cada instante de mi vida.

La calle estaba tranquila, había poca gente, y observaba en la distancia a jóvenes caminando extasiados, consumiendo hachís por toneladas, escuchando en sus walkmanes ese rap y rock de la música de mierda gringa, mientras iban hacia las populares ramblas.

La suave brisa entraba en la habitación, la disfrutaba como cuando tenía doce años y salía por la tarde del cine del Bolívar, en Cali, y luego me venía caminando con mis amigos por la avenida Sexta. Ahora solo oía a lo lejos sonar las campanas de la iglesia como todos los días, desesperadas buscando clientes arrepentidos y manipulados por el sentimiento de la culpa y por los curas.

—"¿Y dónde estarás, my Darling mi trucutú?"—. Esto era lo que se preguntaban los ancianos cuando veían pasar las morenas y las rubias escandinavas por la ventana o desde mi balcón. "—¿Dónde estás, mi amor?"—. Contemplaban con los cuerpos acabados, las risas desdentadas y las ilusiones ya idas con los años, recordando los atardeceres rojos a la orilla del mar o en las montañas, buscando lugares dónde terminar el día a la sombra de sus frondosos árboles.

Gorka escuchaba a los ancianos con sus quejas del amor lejano y muchas veces, al igual que ellos se repetía así mismo: ¿Dónde estás, mi amor...? Cualquier persona que hubiera entrado a la amplía habitación de la pensión, se habría sorprendido al ver el patético cuadro de estos ancianos hombres y mujeres de 80 años en promedio de edad. Las mujeres, debido a los calores del insoportable y húmedo verano catalán, andaban en pequeñas bragas y con los senos ya descolgados de sus cansados cuerpos; los hombres, llenos de achaques y con dificultad para caminar.

Gorka vivía fascinado con las escenas de aquellas mujeres cuando iban a visitarlo a la habitación. En las reuniones que formaban, ellas dejaban ver con disimulo un poco de maquillaje y un suave olor a perfume. Con el resto de los presentes comentaba lo bien que les quedaba y en general, les hacían bromas que a ellas las colmaban de alegría.

Así avanzaban los días del verano mientras Gorka continuaba buscando infructuosamente al viejo Pau por diferentes lugares de Barcelona. Al anochecer, era maravilloso ver cómo las mujeres venían a la habitación sintiendo que iban a cumplir la cita de su vida, la esperada con el amante perfecto que siempre desearon, ese príncipe azul, del amor que nunca les llegó. También otras se acercaban ya tarde en la noche, envueltas en una sábana medio rota o desteñida, percudida o manchada por los años, el vino, la mugre y las lágrimas del llanto dejado en el pasado por sus maridos bajo sábanas de desamores o traiciones y con las que ahora, imitaban en forma extraordinaria, grandiosas togas romanas.

Una noche mirando los diferentes personajes que desfilaban entrando y saliendo de la habitación, todos con sus peculiares atuendos de sus sombreros, cachuchas, gorras, etc., veíamos que ya nada les importaba en la vejez cuando el individuo se aleja de todos los prejuicios sociales y que tanto daño le han hecho a la gente del común. Entonces, para no desentonar del grupo de ancianos, Gorka usaba un sombrero sinuano, unos pantalones gigantescos, una camiseta que decía "El último viaje", y unas abarcas de campesino. ¡Y qué carajo! Así se pasaba las noches muy feliz caminando de un extremo al otro de la habitación, departiendo con mucha calma entre risas y anécdotas, todo lo que necesitaban para estar contentos cada noche. Y así, disfrutaban al máximo cada instante porque sabían que quizás podía ser el último para muchos de ellos.

Gorka, le brindaba a los ancianos licores y elementos para su comodidad. Le alegraba muchísimo ver que querían aportar siempre algo. Si no tenían dinero, conseguían jamón serrano, traían pan y queso y todo lo compartían. Lo hacían felices porque la muerte se les vendría encima pronto. ¡Qué carajo!, Nada se iban a llevar de este mundo.

"Soy tan feliz", decía Sergio después de haber sido millonario, en pesetas y dólares, no en devaluados pesos o bolívares, y de haber invertido todo lo que tenía en hospitales y escuelas públicas para los más necesitados. Atacado de risa y bebiendo vino nos decía a todos: "Ahora soy muy feliz. Hoy en día me levanto más tranquilo que nunca antes. Salgo al café de la esquina, me siento a leer la prensa, puedo tomarme un café y un coñac. Puedo charlar con mis amigos, pago algo módico por la excelente calidad de alimentación que me dan. Me conocen, me respetan, me tratan bien y, además, por la noche me vengo a entretener y hacer vida social con mis otros amigos en esta pensión, que es ya mi casa. Debo reconocer que es aquí, en este tercer piso, donde más me he reído en toda mi vida.

"Gorka, escúchame. Toda la vida fui un acomplejado y triste porque no aprendí a bailar. Muy torpe para llevar el ritmo de cualquier música o melodía. En mi juventud sufrí muchísimo, y como adulto, no te puedes imaginar cómo me afectó el no saber bailar. Ahora que soy un hombre viejo, en nuestras reuniones compartiendo con nuestros amigos, he aprendido a moverme con alegría, sin miedo ni vergüenza. Trato de bailar con alegría cualquier tipo de música.

Hoy por fin, como esta noche, puedo bailar".

Gorka dejó el anciano por unos minutos y siguió repartiendo tapas. La tortilla se la regalaba el dueño del café vecino, de las que no vendía el día anterior. De los otros cafés de la vecindad también conseguía tapas que a veces intercambiaba por su libro. Siempre ha sido así con los ancianos: un anfitrión excelente, como su padre le enseñó a ser cuando era niño. Por eso, con Gorka nunca les faltaba nada a los participantes. Les regalaba desde música clásica hasta música cubana; tangos, bambucos, pasillos y guabinas, también el arpa llanera, bosa nova y samba brasilera, cueca chilena o marinera peruana.

A Gorka le seducía durante horas contemplar como, al escuchar aquellas melodías, siempre se levantaban de sus sillas o del sofá y sin mirar para ningún lado movían lentamente sus cuerpos al ritmo de la música, cerrando los ojos para rememorar aquellos momentos cuando tuvieron a sus diosas coronadas en los años mozos de sus vidas.

Tiempos felices cuando fueron jóvenes y bellos y se sintieron dueños del mundo por un instante, aunque solo hubiera sido en el minúsculo mundo de ella y él cuando compartían juntos los "te quiero", "yo también", "¿siempre me amarás?", "sí, mi vida, siempre", "¡júramelo!", "sí, amor, te lo juro", "¿me serás siempre fiel?", "¡Sí, amor, siempre!", "deja que termine la tesis y te doy un hijo". Así, sus vidas se les fueron de las manos, escuchando palabras y sonidos en monólogos durante años, esas palabras son solo palabras que hoy forman la parte triste de aquello llamado olvido. Cuando Gorka bailaba entre ellos, quería eternizar la reunión, y esos segundos, en los cuales nos sentimos dueños del mundo. Quería que ellas recordaran cuando eran unas diosas divinas, bellas entre las bellas, cuando los aplausos y la admiración los recibían por doquier en todas partes, en las grandes pasarelas y desfiles de la moda llenos de luces y flashes; en los recintos académicos de las universidades de Boston, París y Barcelona; en Londres o Singapur, donde las ovacionaban igual que en Berlín, Bogotá, Río, Madrid.

"Amor ausente, amor mío, ¿recuerdas cuando oías los aplausos de los poderosos y que al final solo eran mediocres que te aplaudían sin parar? Reías mucho en esas noches y eras la más bella. Tranquila e indiferente, ponías el precio al mejor postor como querías. Mirabas segura a todos los hombres, los dominabas con tus ojos y de todo creías tener el control. Convencida estabas de que podías conquistar el mundo y tenías a tus pies todo, donde y cuando lo querías. Sin esconderlo, casi en llanto y al final de la noche en medio del licor, la heroína y la marihuana, bajo las luces de neón o en las habitaciones en penumbra llenas de espejos, decías al hombre de turno: 'Solo te pido que me quieras un poquito'. Era lo que le pedías desesperada, implorando por el amor en esos segundos eternos en que susurrabas al oído de todos ellos, y más que todo a quien no has podido olvidar nunca, nunca: el mío. Tu aliento, tu risa al amanecer como murmullos alegres, el trinar de pájaros con la aurora, tu sangre, nuestro hijo... aquel que pudo ser y nunca fue. 'Te quiero más que nadie en este mundo', le decías cuando hacías en ese entonces tu tesis de grado."

"¿Recuerdas cuando juntos besábamos el universo en noches de amaneceres suaves y tibios con olor a mango dulce, allá en la ardiente llanura de la vida? Tu vida, la nuestra... hoy solo es dolor y llanto en tu vejez y en la mía. Recuerdas cuando solos los dos, arrullados por el canto de las cigarras y los colibríes al mediodía, bajo los siete gigantescos palos de mango del patio de tu casa, allá en la llanura y el litoral, en medio de besos ardientes creíamos equivocadamente que el amor era eterno, que me serías siempre fiel, antes que a él. Al oído me decías con ternura: 'Seré siempre tuya, amor". Me hiciste creer que íbamos a ser jóvenes y bellos y que los amaneceres serían siempre nuestros. Me abrazabas y me hacías sentir dueño del mundo. Me besabas todo íntegro y me decías: 'Todo lo tuyo es mío, amor, y lo mío es todo tuyo'. Así me hacías sentir y te creía ciegamente como un niño. Soñábamos que todo era nuestro, que por estar juntos merecíamos todo y nos apropiábamos del mundo sin tener la suficiente madurez. Éramos dueños de los rojos atardeceres en la llanura con su suave briza sin pensar en más.

"Amor, mi dulce amor, ahora que bailo lentamente y que mi cuerpo no responde por los dolores, ahora que estoy desdentado, con el rostro surcado de arrugas y calvo, solo quiero decirte con alegría, que únicamente me quedan las ilusiones de aquellos días cuando me pusiste a soñar con un mundo mejor, más justo y solidario para todos. Me enseñaste a pensar un mundo sin hambre, sin miseria, y me enseñaste a soñar un futuro para los dos. Me enseñabas a desear el amor en esos fríos amaneceres sobre el colchón viejo tirado en el piso, cuando todavía no me habían robado las ilusiones y aún creía en ti. Cuando era joven y todavía te esperaba. Esta noche, amor, mi amor cuando quizás nadie te espera, tú, una anciana igual a los que me acompañan en este momento en mi habitación te pensamos y deseamos que tu vida no sea dura".

"Cada noche es una despedida y un canto a la vida, un rechazo total a la violencia de este mundo. Una protesta a su injusticia. Un llanto de alegría por estar con vida. Esta fiesta en esta noche, es una despedida porque a nosotros los ancianos ya nadie nos espera en ningún lugar y solo la muerte nos da una bienvenida.

Y en medio de esta noche estoy pensando en ti, mi amor de la llanura, ¡amor miserable!, maldito amor... esperando la muerte sin saber nada de ti durante los últimos años, esperándote sin esperanza alguna, como garza en la laguna...

Y así mientras reíamos, escuchábamos música y charlábamos en la habitación bajo la luz de unas pocas velas, entró de repente un hijo de puta negro gigantesco dando unas zancadas inmensas de abuelo palenquero. ¡Que susto! ¡Que sorpresa!

Era de esos negros que de pueblo en pueblo de la costa caribeña y pacífica de Colombia, en la época de la esclavitud, se vendían en la Plaza de los Coches, de Cartagena, como si fueran relojes baratos de la China entrados de contrabando. La casi total oscuridad de la noche y las sombras lo hacían parecer más grande que satanás, con unos dientes enormes, una anchísima espalda y unos brazos musculosos que parecían las alas de un murciélago extraterrestre. Todo el mundo se petrificó al verle dentro de nuestro pequeño habitáculo y feliz espacio nuestro.

Nadie se movió del susto ni moduló palabra alguna.

—"¡Quietos todos ahí, mis parroquias y presidentes. Incluyendo aquellos de los pueblos y culebreros de la patria grande! ¡Quieto todo el mundo, hijos de puta! ¡Quieta, mi Margarita, que aquí llegó el negro ese de Buenaventura a Barcelona!"—.

Yo me paralicé y aterrorizado me quedé. ¡Dios mío, esto es un atraco! Nos va a matar a todos este negro. Los ancianos de la habitación no podían creer que estuvieran viendo aquello a esas horas del amanecer.

El negro que estaba frente a nosotros en la pensión era uno de esos descendientes de esclavos a quienes los gloriosos anglosajones les pusieron cadenas, torturaron, arrebataron de su familia, de su África natal. Los metieron en destartalados barcos y se los trasladaron al nuevo mundo para venderlos por doquier. Haciéndolos vivir como animales y máquinas de trabajo, pero ahora estaba aquí en la España gobernada por la derecha nada más y nada menos.

Este negro parecía el Diablo. Era la reencarnación de Satanás con toda su legión y su corte alrededor. Mientras nos esforzábamos para que la brisa no apagara la luz del cabo de la vela, que iluminaba el amplio espacio de la habitación donde estábamos, ese hombre se nos perdía en la oscuridad de la noche con sus brincos y nerviosos músculos de ébano. Parecía que se burlaba de todos nosotros jugando a las escondidas. De repente se escucha su voz que pregunta.— "Oigan, parroquias, ¿quién se llama Gorka aquí?, necesito hablar con él.

¡Ayúdenme, por favor!"—, repitió el hombre, precipitado y nervioso.

Nadie contestó.

Ni una sola mosca se movió.

Solo se escuchaba la respiración entrecortada de los fumadores con su tos inseparables.

Yo, muerto del susto cuando preguntó quién era Gorka, pensaba: "Si le digo que soy yo, me mata este negro". Y me quedé en silencio. Lo más grave era que no atinaba a pensar en nada más con él delante. Yo estaba paralizado. Mis amigos sentados en la cama, otros en el sofá y otros en pequeños asientos que traían desde que comenzó el grupo a reunirse todas las noches en la habitación. Todos observábamos expectantes aquella dramática escena.

El hombre, ahora más tranquilo y pausado, trataba de convencernos: —"Miren, mis parroquias, con todo respeto, soy sobrino de ese gran hombre llamado la Maravilla Gamboa, ese que fue extraordinario futbolista en Colombia"—.

Todo el mundo seguía en silencio. Porque fuera de Gorka, nadie entre los ancianos españoles conocía quién era la Maravilla Gamboa, y mucho menos le creían al negro su historia, algo entendible en medio del terror que sentían. Yo apenas me dije: "¿Y ahora qué quiere este? ¿Ser otra Maravilla más de negro? Y para rematar la cosa, es colombiano". De una le pregunté: "Oí parroquia, ¿vos de dónde sos? ¿De Puerto Tejada, San Basilio del Puerto o del Corralito de Piedra? ¿De cuál palenque?".

Me contestó normalizando el ritmo de su respiración, pausadamente, sin saber que era yo el hombre a quien buscaba: —"Yo necesito hablar con Gorka".— Hablándole con acento español, le pregunté: "¿Y para qué?". —"No, mi señor, yo solo he podido escuchar aquí en Barcelona que Gorka es un maestro"—, afirmó intentando despejar la desazón que percibía en mí. —"Yo quiero hablar con él porque necesito que me ayude a imprimir ocho mil hojas de esto, es para un amigo poeta que paga por adelantado.

Y si ustedes me quieren colaborar, mejor aún, yo traigo el mensaje, un gran mensaje, estoy recién llegado a Barcelona"—.

Observando asombrado al hombre, Gorka le preguntó: "¿Usted cómo se llama?". El negro se quedó en silencio y luego respondió mirando a todos los ancianos lentamente. —"A mí me dicen Guacho".—"¿Y eso qué significa?", instó Gorka. —"Bueno, es que mi nombre en verdad es Washington"—, y soltó su risa maléfica como si estuviera recordando días de su infancia.

El negro empezó a adueñarse del espacio. Miró tranquilo sus tenis blancos, su overol nuevo, sus brazos musculosos y acomodó su espalda en el espaldar de una silla. Parecía que por su mente cruzaba la historia de su raza desde 1570, cuando empezó el infame comercio de africanos hacia Latinoamérica. Luego volvió a mirar todo a su alrededor, a cada uno, con nuestros siete pecados capitales, las miserias, los dolores... Y con voz segura dijo: —"Aquí está el dinero para imprimir las copias que necesito"—, y sacó un billete nuevo de veinte mil pesetas. Al verlo, Gorka pensó: "¿Qué tal que salga falso ese billete?". Entonces clavó sus ojos en el negro. Todos lo mirábamos con tremenda desconfianza, incrédulos. Sin embargo, al percatarnos de que no iba a existir violencia por su parte, me armé de valor y, aunque un poco tembloroso, caminé hacia él y le dije muy calmado, otra vez con acento de español: "¿Quieres una copa?". El negro respondió sin mirar: —"Sí, mi señor, pero sin veneno"—. Aterrado, le pregunté otra vez: "¿Cuál veneno?". El negro respondió entre risas: —"Ese veneno que llaman Coca— Cola. Eso le destruye a uno el estómago, los dientes y la vida. A mí, mi trago que me lo den con chicha o limonada, o con lo que quiera mi señor, y que mi Dios lo bendiga"— Entonces se sentó otra vez entre los ancianos, aún un poco desconfiados porque nunca habían tenido un negro tan cerca y menos a estas horas de la madrugada. Después de semejante sorpresa, Gorka tuvo el valor de preguntarle: "Oiga, ¿cómo llegó a Barcelona?".

—"¿Que cómo logré llegar a España?"—, dijo soltando una carcajada que retumbó en todo el barrio. —"Permítanme y les cuento todo con calma"—. Se acomodó otra vez en la silla y preguntó dirigiéndose a Gorka: —"Perdón, ¿cómo se llama usted?"— este levantándose de su silla le respondió: "Mi nombre es Gorka", le tendió la mano con máxima alegría para saludarlo. El hombre reaccionó muy entusiasmado levantándose de la silla:

—"¿Hombre, por qué no me dijo usted desde un principio que era Gorka?— usted es de Colombia, mi parroquia"—. Soltó la carcajada y se levantó para abrazarle.

Sentí que tocaba mi espalda y cintura por todas partes como si estuviera buscando disimuladamente armas escondidas en mi cuerpo, o quizás, como un saludo de reencuentro con su pasado. Luego dijo en voz alta: —"Lo andaba buscando, hasta que una mujer llamada Lena me dijo dónde estaba usted en esta ciudad.

Lo he buscado porque necesito que me ayude a imprimir algo muy importante para todos"—. Y entre risas levantó su copa: —"¡Salud, señores!, con todo su respeto. Pero... déjenme, primero les cuento... Lo más importante en mi vida no es cómo logré salir de Colombia y cómo llegué a la madre patria"—. Algunos ancianos en cuchicheo se preguntaban entre ellos de qué se reía el negro. —"Lo principal es cómo he logrado sobrevivir en este pueblo grande y haciendo qué, para poder estar aquí contándoles mi historia"—.

Volvió a mirarnos a todos los presentes y siguió riéndose con malicia, dominándonos totalmente con sus palabras.

Y así empezó su relato:

—"Yo soy del Pacífico de Colombia, de un caserío cerca de Guapi, un pueblo perdido en la selva, lleno de casas de madera, techos de zinc, mosquitos y paludismo por cantidades y un calor del infierno. Todos somos negros... o casi todos. Allá empieza el mundo o también termina."—

"Señor Gorka, creo que conoce el pueblo y me puede ayudar a describirle a estos ancianos cómo es la vida en ese lugar, y cómo es su medio ambiente. Ah y antes de continuar les quiero pedir excusas por la forma tan repentina y brusca como entré aquí esta noche en su reunión sin estar invitado. Sí, por favor, me excusan los presentes si los asusté.

Como les iba contando, en esa selva los ríos son hondos, inmensos y se pierden en el horizonte al caer la tarde con sus rojos atardeceres. Es una selva verde majestuosa y profunda, que solo en la oscuridad de las noches y en medio de sonidos lejanos y extraños logramos entender que es única en el mundo. También creo que podemos sentir en ese silencio infinito la presencia del creador, un Dios único al que todavía ningún hombre negro como yo le ha dado estos cinco dedos"—. Y mostró sus manos gigantescas y cansadas llenas de callos del duro trabajo."Crecí en ese pueblo donde desde muy pequeño trabajaba en el restaurante de mi tía Felicita. La ayudaba como mesero y algunas veces como cocinero. El restaurante de mi tía es muy bueno y queda en el aeropuerto. Todo el que llega a Guapi conoce a Felicita, su restaurante es el mejor que existe en esa zona.

Con lo que ganaba pagaba mis estudios y en mis ratos libres visitaba la casa de mi tía Hipólita para leer los libros que utilizó cuando fue maestra. Así, haciendo mis estudios un día, hace muchos años, con un par de amigos empezamos a notar en los niños vecinos del barrio y de los alrededores unas enfermedades muy raras. ¡Ay, Dios mío!, algo que nunca habíamos visto en Guapi ni en la región.

Algunos niños presentaban problemas raros en la piel: manchas, erupciones, tumores, cambios de color, hongos y todo aquello que para mí es indescriptible esta noche. Muchos otros nacían con deformidades y retrasos mentales. En Guapi, en los últimos treinta años, y entre mi generación, no existieron esos problemas, mucho menos los incontables casos de párkinson y epilepsia entre los niños y los ancianos."

—"Fueron pasando los años y no solamente nosotros sino que toda la comunidad empezó a notar y a sufrir estas enfermedades raras. El equipo médico dirigidos por el doctor Vicente de puerto Tejada, que en silencio afrontaba incrédulo esta creciente epidemia como algo fuera de lo común entre la comunidad negra del Pacífico colombiano que va desde la ciudad de Tumaco hasta Panamá."—

—"Algunos meses más tarde, llegó en una canoa al embarcadero un respetable y cansado anciano con su mujer. Sudorosos y nerviosos, contaban que habían visto, hacía muy poco, descargar en la playa unas cajas metálicas gigantescas. Ese mismo día, al caer la noche, regresando del mar a su rancho, el hombre contó que llegaban en otros barcos unas máquinas mucho más grandes, después manipulaban las cajas o contenedores y las trasportaban unos doscientos metros más adentro, a tierra firme, muy cerca de su casa semiescondida entre las grandes palmeras. El anciano relataba que otras máquinas abrían enormes huecos en la tierra, donde echaban los contenedores y los tapaban con tierra hasta no quedar ninguno a la vista.

Muy inquieto y pensativo, seguía relatando que a los pocos días fue a ver dónde estaban enterradas las cajas, y comprobó que el terreno permanecía como si nunca se hubiera enterrado nada.

Salió corriendo a su rancho para contarle a la negra Margarita lo que había visto. —Ella le dijo, muy tranquila: —'Nicolás, para qué te pones a ver cosas raras donde no te han invitado, y más si son de esos hombres blancos'—. Mirándole reservada le sirvió la comida y se acostó muy regañado y preocupado."—

Al pasar los meses, el anciano desapareció sin dejar rastro alguno. Nunca se le pudo encontrar, a pesar de la búsqueda de sus hijos y nietos por todo el pacifico de Colombia. Hoy solo se escucha el llanto desesperado de su mujer después de cuarenta años de vida en común.

Washington se quedó en silencio unos segundos después del relato, y con los ojos cerrados dijo: —"Ustedes bien conocen que un negro joven es muy desconfiado con todo lo que escucha, y más si viene de un blanco, porque con todo respeto, les quiero decir que solo hay que observar la forma tan fácil como desaparecen las personas negras en Colombia; y si abrimos bien los ojos observamos detenidamente cómo de mal viven ellas en muchas partes del mundo.

Esto es más que suficiente para comprender por qué un negro como yo podría mostrarse arisco con los demás y no creer en la palabra del hombre blanco. Y mucho menos en los monos ojizarcos del norte y sus queridos primos anglosajones que nos pusieron las cadenas hace quinientos años."—

—"Imagínense ustedes, señores míos, aquí en Barcelona, y con todo respeto...", –el negro dejó de hablar y nos miró a todos entre risas, levantando su vaso vacío dijo –"a ver, denme otro trago con chicha o limonada, por favor, señora

Chechi. Perdón, ¿así se llama usted? Sí, por favor, deme mi ron con limonada, sin veneno, por favor. ¡Salud a todos! ¡Salud, señora! Tengo un amigo llamado Bernardito, pobre hombre, el más pobre de su familia, ya ni dientes ni dolarcitos tiene, y ya viejo pues morirá como gallinazo negro. A él y a mí, un día tomándonos unos tragos en el rancho de Agustiniano, el sacamuelas del pueblo nos llegó el rumor que una loca loquísima que vivía en un palacio grandotote en la capital de Colombia había autorizado, a cambio de no sé qué dolarcitos, que los desechos radioactivos de las centrales de energía nuclear de las más grandes ciudades de Estados Unidos de América, fuera entrado a escondidas en Colombia y enterrados donde la loca esa creía que nadie se daría cuenta y por tanto nadie protestaría.

Pensaron que ese hecho pasaría desapercibido en medio de la ignorancia de la raza negra, y que si protestábamos sería más fácil matarnos y desaparecernos sin dejar rastro alguno. Calcularon que ese material radioactivo altamente perjudicial para la salud humana, no podía ser introducido por la costa norte, donde fácilmente las personas observarían el movimiento sospechoso y avisarían de inmediato a las autoridades competentes."

"Después de la desaparición de don Nicolás, aquel anciano que junto con su esposa dieron la noticia en Guapi sobre estos desechos tan peligrosos, todo aquel que medio se atrevía a comentar el tema en la cantina, escuela, la iglesia, las tales junticas de acción comunal, eran desaparecidos sin rastro alguno. Fueron centenares y nadie sabe dónde están. Nadie se atrevió a investigar por miedo a ser igualmente desaparecido. Nunca se supo quien estuvo detrás de las desapariciones de estas personas, porque son muchos los enemigos que tiene la raza negra. Se sabe que muchas multinacionales, corporaciones y grupos armados quieren que abandonemos los asentamientos para invadir nuestras tierras llenas de oro, platino, bauxita, uranio y un medio ambiente con una de las mayores biodiversidades que existen en la Tierra."

"Algunas veces, los habitantes de Guapi hemos pensado que la bruja Matilde y decenas de otros brujos que viven en el caserío y sus alrededores podrían ser quienes hacen desaparecer a las personas. También escuchamos rumores más extraños selva adentro, como el del negro Ernesto, el cajero del Banco Agrario, que toda su vida fue un prestamista y agiotista sin alma, y en tres días se murió estornudando cada 12 segundos y de pena moral cuando supo que a su hermano menor, el Bético, lo había dejado seco un murciélago gigantesco que azota desde hace años la comunidad del Baudó, y que arrastrándolo por los aires, desde la puerta de su rancho como dentro de un huracán, se lo llevó a más de un kilómetro de distancia en la noche hasta depositarlo suavemente en un playón del río, en la curva de la negra Isabelina."

Cuentan que a la mañana siguiente Isabelina se levantó para hacer agua de panela, cocinar unos plátanos y freír el pescado, como era su costumbre. Se encomendó a Dios por su vida, besó con fervor el escapulario y la medallita de san Benito que le había regalado el cura Óscar. Prendió el fogón en la parte trasera de su rancho. Atizaba los maderos y avivaba la llama tarareando una melodía, y entre bostezos miraba también entretenida el río, como todos los días. Entonces creyó por un instante que estaba alucinando al ver un extraño brillo en el río, a unos cincuenta metros de distancia, dentro de las anchas y apacibles aguas. 'Muy extraño', pensó alejándose del fogón. Más rara se sintió cuando vio que eso que brillaba como un espejo parecía llamarla desde el playón. Caminó nerviosa hacia la orilla del río, sacó de entre sus caídos y arrugados senos un escapulario con la imagen de José Gregorio Hernández, la virgen de Guadalupe y la medallita de oro con la cara de Simón Bolívar, y los besó otra vez sintiéndose invencible en su fe, deseando que las serpientes se alejaran de su camino y no estuvieran por esos lados, porque con la crecida del río y la luna llena de la noche anterior era el momento indicado para que anduvieran por el lugar. Llegando asustada a la orilla del río y dándose la bendición otra vez para mirar mejor lo que la extrañaba, solo atinó a exclamar: —'¡Dios mío!, ¿qué es eso?'—. Luego avanzó un poco más a un pequeño alto en la orilla para poder apreciar con mayor claridad lo que había visto desconcertada desde su rancho y en el corto trayecto recorrido. Se puso como pudo las gafas con un solo vidrio de su difunto marido, y logró distinguir en la distancia a un hombre muy dormido en paz eterna, entre el brillo de las mansas aguas y las blancas piedras del río, muy quieto, allá en las titilantes arenas del playón.

"Sorprendidos nos quedamos cuando fuimos a rescatar el cadáver al playón del río. El cuerpo estaba en una posición extraña, como si él mismo se hubiera recostado lentamente y acomodado sobre un montículo de arena. Este cadáver estaba bien vestido, recién bañado y afeitado. Mientras fumábamos y amarrábamos la lancha, observamos que el difunto apretaba en su mano izquierda una antigua cruz de plata que llevaba inscrita la palabra "Toht". El semblante del hombre reflejaba mucha paz. Su expresión daba a entender que había muerto tranquilo. Mostraba una sonrisa santificada que lo hacía parecer un iluminado, un escogido entre todos los hombres de esta tierra. Todos creíamos con certeza en ese instante que quizás estaba predestinado a reencarnarse en pocos días en un ser especial, en un ángel. Parecía un Cristo negro."

"Todavía un poco espantados y sin saber muy bien qué hacer ante aquel cuerpo, encendimos otro cigarrillo. Nunca habíamos visto la muerte de esa manera. También discutimos los del grupo de rescate y coincidimos, que aquel iluminado parecía estar despidiéndose muy feliz, despidiéndose de la ingratitud, la violencia y la avaricia de tantos hombres blancos en toda la historia del universo.

En horas de la tarde, ya muy cansados y con hambre, llegamos al muelle de Guapi. Nos sorprendió ver la romería de personas que nos esperaban, nunca se había reunido tanta gente para ver un muerto en el pueblo. Aunque éste era muy diferente. No entendimos el porqué de tanta espera si horas antes en el caserío nadie sabía de su llegada.

A su entierro fueron muchos que no lo conocieron en vida. Asistieron todos sus familiares y amigos, hasta los perros de los otros caseríos también estuvieron y aullaron a la luna llena dos noches seguidas. En el río, los peces brincaban fuera del agua como nunca antes. Lo más extraño era que todo el mundo quería estar cerca del difunto, conocerlo o tocar su cuerpo para así sacar de él, y también guardar en ellos, un poco de la paz y del sosiego que aquel cristo negro trasmitía a toda la gente de Guapi."

"El entierro fue el más grande que se hubiera visto en la vida del pueblo. No hubo fiesta, como ocurre en los funerales de los negros. Cuando un niño negro nace todo el mundo llora, pues viene a sufrir injusticias en la tierra. Cuando muere, todos cantan todo es alegría porque por fin dejó el mundo del hombre blanco. En el entierro de este hombre hubo silencio durante tres días. Era

Semana Santa cuando arribamos con los restos. Se escucharon en eco las plegarias y el repique interminable de los tambores elevados al cielo. Al domingo siguiente del entierro aún lo lloraban quienes lo conocieron; los que no, preguntaban a cada instante quién era ese hombre."

"La vida volvió a su rutina normal y no sé por qué también ese mismo día, antes de que me desaparecieran a mí como a los centenares de negros desaparecieron después del entierro, decidí salvarme me entraron ganas de conocer España. Junté mis ahorros y ayudado por una colecta de los amigos y una rifa que hizo mi tía Felicita de aquella cruz de plata en la mano del muerto, viajé en un destartalado avión a Bogotá para luego montarme en un lujoso jet a Madrid."

"Al llegar al aeropuerto de Barajas, me preguntó un hombre de la policía o aduana –yo no sé qué era, ya que todos se parecen – si yo era futbolista y en qué equipo iba a jugar. Yo le seguí la corriente respondiéndole que era del equipo del cristo negro. El hombre me preguntó que cuál era aquel equipo y su procedencia. Yo con risa nerviosa le respondí: 'Señor, es un equipo que nadie ha visto jugar todavía aquí en Europa. Por eso vengo a formar uno como ese que hay en el pueblo mío, allá en la selva, y que llevará como estandarte esta cruz de plata'. Se la mostré en mi mano izquierda, levantada como si fuera un trofeo de guerra. El hombre la miró entre asustado y sorprendido por su brillo natural. Sin dejarlo respirar ni salir de su asombro, le conté rápido la historia de la cruz y su cristo, y de cómo el difunto la tenía en sus manos cuando lo hallamos en el playón del río. El policía, escuchando atentamente, me dijo muy amable: 'Bienvenido a la madre patria'. Bajó su cabeza y selló mi pasaporte. Me miró por última vez sin creer todavía, como un niño triste y solitario que recobraba alegría y paz con aquello que acababa de escuchar.

Yo casi explotaba a carcajadas con el cristo de plata brillando en la mano como si fuera ahora un gigantesco fusil. Me la había regalado quién la ganó en la rifa, quería deshacerse de ella por miedo a no poder dormir. Me la entregó apresurado, incluso agradecido de deshacerse de ella".

Después de un largo silencio, mientras nos observaba, el negro Washington nos dijo muy tranquilo y seguro de sí: "A mí no me dan miedo los muertos, me dan miedo los vivos. Por eso, aquí en España cargo mi cruz conmigo siempre", y la sacó de su bolsillo para mostrárnosla.

Los ancianos no podían creerlo; sin embargo uno de ellos dijo: "Chaval, eso se merece un brindis. A ver, Gorka, un trago sin veneno todavía para este hombre". Mientras Gorka servía el trago, los ancianos hablaban asombrados sobre la historia de la cruz y del difunto hombre negro.

—"Continúo con mi relato"—, recomenzó Washington. –

"En el aeropuerto de Madrid me entró el miedo cuando llegué. Allí todo es muy rápido, la gente anda a las carreras, las parejas se dan besos de despedida como si se fueran a morir poco después, todo es acelerado. Acostumbrado al pueblo allá en la selva, donde todo se hace cuando uno siente ganas, me entró un temor y una soledad tremenda. ¡Ay, madrecita santa, para qué me vine a España!, es lo que me digo a cada instante.

Salí del aeropuerto perdido y cogí un bus para dirigirme a la estación de trenes. Compre el billete ajustando el dinero para pagar el hotel cuando llegara a Barcelona"

"Y aquí me tienen ustedes. He llegado solamente a sufrir. No saben lo que he llorado en esta ciudad de Barcelona. He aprendido a vivir acelerado, así encontré lo que no había buscado y nunca quise o soñé. Pero me ha llegado. Es todo lo que quieren y sueñan los otros hombres, en especial los blancos. Llevo tres meses en esta ciudad y me lo topé de repente. Ya les voy a revelar qué es… ¡Salud a todos!, y espero no les dé miedo mi historia".

Todos brindamos por el relato del negro Washington. "¡Ay, señor Gorka, cómo estoy de contento de hallarlo y de estar aquí con ustedes esta noche!".

"Les quiero decir también que estoy muy arrepentido de haber dejado mi selva ancha y profunda, de haber dejado mi negrita, mi flaquita bella, una mujer sencilla y buena a morir, una hembra fuerte. ¡Ay, Dios mío, cómo la extraño! Al hablarme al oído, escuchar su risa y su voz era una gloria. Recuerdo que ayudaba a todos los ancianos, como ustedes, ya que trabajaba como enfermera. Los dos pasábamos las horas felices, en silencio mirando juntos el río. Siempre lo veíamos diferente. Las palmeras tenían su danza mágica en las tardes y la brisa del crepúsculo nos traía murmullos cotidianos que eran como canciones de cuna. Las lluvias de la noche hacían germinar la vida de todo aquello que yo sembraba en el huerto durante el día. Éramos pobres pero la vida era amable y buena. Mi mujer me quería por lo que yo era, así no tuviéramos mucho que darnos ni qué comer. Siempre teníamos suficiente para los dos y lo poco lo compartíamos. Ella me ayudaba en todas mis decisiones, y cuando me enojaba cantaba canciones hasta que se me pasara la rabia. Así me hacía reír y me olvidaba de todo."

"Aquí en España la gente me mira como un animal raro. Aquí me di cuenta de lo que vale en estas tierras un hombre negro y, además, con la marca de ser colombiano. Como para rematar la cosa, en Barcelona la he pasado de pensión en pensión como las putas feas, abandonadas, cojas y pobres. Me ha tocado vivir con penurias en la madre patria.

Me echaron de la última pensión, según ellos porque gastaba mucha agua. Como me duchaba dos veces al día me preguntaban si estaba enfermo; cuando allá en mi pueblo, al lado de mi negra, nos bañábamos en el río a todas horas, y en la casa cada vez que queríamos.

Por eso ese motivo me han echado de todas las pensiones y puse el récord de siete pensiones en 21 días. A ver, a ver, a ver, cómo es, señor Gorka, señora Chechi y señor Pacho... ¿dónde está el trago? Sírvame uno por el alma de los muertos de este mundo. ¡Salud todos!". Washington volvió a levantar la copa y todos brindamos por el porvenir.

Desde el fondo del corredor pudimos escuchar a Mari Carmen que regresaba con las velas cantando una canción de Lili Marlen de los años que estuvo en Alemania y le tocó la gran guerra. Todos nos pusimos a escuchar la melodía. Al entrar a la habitación, exclamó: "¡Ay, hijueputa, qué susto! ¿Quién es este puto negro y qué hace aquí? ¿Oigan, cojones, de dónde salió este esperpento? ¡Qué susto!". Todos reímos al ver la expresión de Mari Carmen al toparse al negro Washington sentado entre nosotros. "Señora, perdone el susto, mi nombre es Washington", se levantó él con respeto y le dio la mano. "Mi nombre es Mari Carmen", respondió ella. "Soy de Sevilla, y si no traigo las putas velas nos quedamos sin luz. Majo, ¡qué susto me has dado!, por poco y me meo…". Los ancianos no paraban de reír oyéndola. Yo caminé a la ventana y recordé algunas cosas que más tarde contaré.

—"Bueno, pido la palabra para seguir mi relato"—, reclamó Washington. Yendo de pensión en pensión me quedé sin dinero y sin saber cómo iba a poder sobrevivir, ya que en todas partes me miraban como animal raro, o como se dice en Colombia: La Piedad un orangután sin cola. Una noche desesperado, después de 10 días durmiendo en el parque en una hamaca que me traje de Guapi, me despertó un anciano. Me asusté mucho porque era rubio de ojos azules, alto y muy blanco.

Cuando lo escuché hablar me sorprendió que fuera tan amable. Me invitó a tomar café, me preguntó si había comido y le dije que no. Me invitó a comer y en la charla me preguntó si quería una copa de vino. ¡Ay, mi diosito santo!, y yo que llevaba varias semanas sin probar una gota de alcohol… me pareció una bendición. Tomé dos cartones de eso que llaman tinto Don Simón y me fui a dormir otra vez. Quedé de verme con el anciano al otro día. Llegué al parque donde dormía, volví a sacar del morral mi hamaca y esa noche la colgué de nuevo entre las palmeras mis dos únicas amigas, que me recordaban a mi tierra y a las que cada mañana abrazaba porque pensaba que eran mi negra, en mi selva bella, verde y profunda. Esa noche dormí delicioso. Había quedado con el anciano en que al día siguiente desayunaríamos juntos. A las 6:00 a. m. me desperté antes de que llegara la policía, me fui a las duchas públicas de la playa y me duché. Fui al café en la Plaza Real donde el anciano me citó y allí lo encontré. Estaba como la noche anterior, amable y muy tranquilo. Me hizo recordar al muerto que había encontrado en el río hacía unos meses antes. Al cristo negro".

Esa noche, tras haber dejado a su padre en la clínica Santa María, Gorka se fue caminando por la avenida sexta y luego por la avenida Estación hasta el parque Versalles, donde quedaba la casa de la familia y donde junto a su padre compartieron los últimos 17 meses de su vida. En la larga caminata iba recordando todas sus palabras recién dichas y las del galeno, que muy claro y preciso pronosticó: "Su papá de ésta noche no pasa.

Prepárese muy bien mentalmente para lo que va a vivir después de mañana…"

Al llegar Gorka a casa, abrió la puerta y se fue directo al pequeño bar de la sala principal. Abrió una botella de whisky, y se sirvió un trago doble sin hielo, como lo hacía su padre. Luego puso la música que juntos escuchaban muchas veces: "La flauta mágica" de Mozart. Mientras la oía, se quedó entre dormido y despierto, tomando whisky en la misma cama donde su padre había dormido los años pasados. Horas más tarde sonó el teléfono y una voz indiferente, como si fuera de un servicio de llamadas telefónicas automático, le habló:

—Señor Gorka?

—Sí, señora, dígame.

—Venga a recoger el cadáver de su padre que murió hace unos minutos —respondió la mujer sin inmutársele la voz.

Gorka se quedó en silencio y miró el reloj

—¿A qué hora murió? —preguntó a la voz indiferente.

—A las 4 y 15 —respondió la mujer.

Gorka miró de nuevo el reloj en su muñeca izquierda, eran las 4 y 30 minutos de la madrugada.

—Hasta luego, señor Gorka, aquí lo esperamos —escuchó que le habló la voz otra vez.

—Sí, señora, ya voy —y colgó.

Se quedó tieso al escuchar esas palabras por el teléfono. Después volvió a sumergirse en un semisueño casi eterno. Regresó a los momentos de la infancia cuando con su padre recorrió la patria grande. Recordó el día que junto a él conoció el mar Pacífico, siendo muy niño y solo atinó a decir: "¡Huy, qué cantidad de agua!"...recordó las risas interminables de su padre al escuchar esas palabras y también las mañanas en la finca en Jamundí donde le enseñó a distinguir el canto de los pájaros y el sonido del amanecer. Ahora todo es silencio como la misma muerte que llega. Otra vez sonó el teléfono.

—¿Señor Gorka? —Sí, señora, dígame.

—Señor Gorka, es para recordarle una vez más que tiene que venir a recoger el cadáver de su padre.

—Sí, señora, ya lo sé. Voy en unos momentos.

Se sirvió otro trago de whisky doble y se preguntó mirando todos los rincones de la casa: "¿Y ahora qué putas hago con el cadáver de mi papá? ¿Adónde lo llevo? ¿Dónde lo entierro si solo tengo 27 000 pesos? ¿Dónde podré encontrar un sitio cerca que no me cueste más dinero que el que tengo para enterrar su cuerpo antes que empiece a descomponerse y a oler mal? ¿Cómo carajo me lo voy a llevar a ese lugar, si es que logro dar con ese lugar? ¿Será que puedo enterrarlo en las orillas del río Cali, cerca de la clínica Santa María y aquí en el barrio de toda nuestra vida, sin que nadie se dé cuenta? Vida, hija de la gran puta, ¿qué hago? Dios mío, ¿qué hago?".

Borracho por los whiskeys que ya se había tomado Gorka se metió a la ducha. Despertó de nuevo a la realidad con el agua fría, se afeitó bien y luego preparó un café como cada día lo hacían juntos. Volvió a la habitación de su padre, miró la cama y quiso encontrarlo como todos los días cuando despertaba y lo invitaba a desayunar... pero no. No lo encontró. En su lugar Gorka se observó, en la misma cama donde dormía su padre, y por primera vez se vio a sí mismo muerto, muerto también en ese instante.

Regresó a la sala, encendió un cigarrillo y empezó a pensar en todas las probabilidades que existían para un ser humano con un cadáver y sin dinero...

¿Adónde llevarlo? ¿A quién le importaba su muerte? ¿Qué hacer con él? ¿A quién pedir ayuda en un país donde nadie ayuda a nadie? Con esos pensamientos terminó el café y salió a la calle. Se fue a la clínica Santa María.

Paró al primer taxi y se subió.

—Buenos días —dijo.—Buen día —respondió el conductor

—No es un buen día para mí. Voy a recoger el cadáver de mi padre que murió hace unas tres horas —respondió Gorka.—Lo lamento mucho, señor. Conozco ese dolor, aunque en mi caso fue a la inversa. A mí los paramilitares me asesinaron un hijo de 21 años en un "falso positivo" y aún lo escucho cada día y a cada segundo cuando estuvo a mi lado. Eso fue solo hace un mes. Sigo penando y lloro cada instante que lo recuerdo.

Luego hubo un silencio y el taxista dijo:

—Al final de cuentas quedamos más muertos nosotros los vivos que los que mueren y se van al otro lado. Esa no presencia y ausencia es algo que no he podido superar.

—Sí, señor, así es la vida. Qué cosa tan dura e inaceptable es la muerte —respondió Gorka pensando en lo dicho por el conductor.

Después, ambos quedaron callados durante todo el trayecto en el taxi. Al llegar a la clínica, Gorka preguntó:

—¿Cuánto le debo, señor? —Nada, joven.

Porque creo va a necesitar el dinero para todos los gastos que vienen con un muerto. Sale más caro morir en este país de putas y ladrones que vivir como pobre dignamente. Agarre fuerza de donde no la tiene para lo que se le viene encima.

Sorprendido por el gesto humanitario del conductor, Gorka le dio la mano y le dijo:

—Gracias, señor, muy solidario es usted —y bajándose cerró la puerta del automóvil.

Ya en la clínica fue a la oficina de defunciones. Por una ventanilla, sin poder ver la persona que lo atendía, recibió un papel por un espacio en la parte inferior. Firmó el acta de recibo del cadáver de su padre y lo devolvió por el mismo espacio, sin ver el rostro de quien lo tomaba. Se dirigió a la morgue, donde le entregarían una bolsa plástica de color azul con el cadáver. Ahí en la oficina pidió el teléfono prestado para hacer una llamada y telefoneó a su tío Fabio, hermano de su madre el único que estuvo a su lado y que se preocupó por la muerte de su padre, aparte de su núcleo familiar más cercano.

—Tío, estoy aquí en la clínica con el cadáver de mi padre, ¿qué hago?

—Espéreme que ya voy en unos minutos. Tranquilo, que ya lo acompaño —le respondió el anciano como hombre sabio.

Al llegar mi tío minutos más tarde, ya que solo vivía a unas pocas cuadras, creo que me abrazó emocionado, diciendo:

—"Tranquilo, Gorka, la muerte es algo inaceptable pero toca aprender a vivir con ella." —Me dijo mirándome a los ojos—. "El carro mortuorio debe llegar en unos minutos. Ya tu hermano Miguel organizó todo con José. ¿Qué hacemos mientras tanto?"

Me abrazó fuertemente con una carcajada nerviosa y entusiasmado, me tomó del brazo. Cruzamos la calle, y fuimos a un bar al frente de la clínica.

—"A mí también se me están yendo mis amigos de toda la vida —me decía mientras atravesábamos la calle—. Cada día me estoy quedando más solo.

Ya cuando salgo a los lugares donde nos reuníamos no encuentro a nadie, y al llegar a casa le pregunto a Beatriz: ¿dónde se esconden todos? Y ella se ríe como loca cada vez que llego con el mismo monólogo. Entonces, apenas me dice: —'Pues claro, si ya todos están muertos o se están muriendo'. —'¿No te das cuenta?'—. Yo nunca le creía, pero ahora que ha muerto mi cuñado creo que me toca pensar que muy pronto yo también me iré."

—"Señora, doñita, muy buenos días. Sírvanos un trago doble, un aguardiente de esos que saben a caña". La señora que atendía la tienda apenas sonrió con un saludo de buenos días. Dio la espalda para coger la botella y venir a la mesa a servirnos un trago doble de aguardiente.

—Aquí está, señor —dijo ella poniendo la botella y jugo de limón.—Esto de la puta muerte solo se puede enfrentar de dos maneras: con unos mil tragos de aguardiente en la cabeza o dopado a punta de ansiolíticos. —Dijo mi tío Fabio hablándonos a mí y a ella con cierta familiaridad—. No creo que haya cristiano en este mundo que aguante el dolor de enterrar a los seres queridos. Algunos ni siquiera dan la cara en esos momentos y delegan en otros el dolor. Bueno, mijo, ¡salud por su padre que se nos fue!

—"¡Salud!, tío" —y brindamos por mi padre.

La señora de la tienda nos observaba con curiosidad.

—"Señor, ahora que usted habla de la muerte les voy a contar algo —habló ella después de entregarnos el cambio por la consumición—.

Este es mí día a día en este lugar. Escucho cuando los otros vienen y opinan de la muerte."

—Suspirando profundamente y sacando fuerzas de donde no las tenía quizás empezó a hablar.

—"Señores, me vine de muy lejos huyendo de la violencia de los paramilitares. Vivía en un rincón muy bello a la orilla del río Cauca, cuyo nombre ya hoy no quiero ni recordar. Allá tenía un rancho muy amplio, lleno de flores y jardines muy cerca de la carretera que va a la costa del Caribe. Tenía un pequeño restaurante donde preparaba comidas para todos los ricos que iban al norte a pasar las vacaciones. La gente paraba con sus familias en los automóviles y yo les preparaba carne asada con yuca y plátano, les vendía chicha de maíz, cerveza, aguardiente, gaseosas y jugos naturales de las frutas que producía mi huerta."—

"En ese rincón, el río Cauca era muy ancho, con unos 80 de amplitud. Disfrutaba de una vida tranquila que compartía con mi prima Vanesa y mi primo Mario. Juntos nos ayudábamos y repartíamos las ganancias del pequeño restaurante. Un día observé a través de la ventana que el río comenzaba a traer cadáveres flotando, unas veces mutilados y otros enteros, pero casi todos con el estómago abierto. Y algún buitre negro encima de ellos. A las pocas semanas, ya podía diferenciar entre hombres y mujeres. Las mujeres bajaban con sus piernas y vientres muy abiertos mostrando la huella en sus cuerpos donde habían engendrado la vida y belleza de sus hijos. Era como si cada pajarraco, de esos que representan la muerte picoteando los vientres sin parar, fuera alguno de los hijos que esas mujeres habían parido, y que ahora las acompañaban sin desprenderse un segundo de ellas en ese último Viaje al más allá. En un cuerpo ya cosificado dentro del lenguaje y cultura de la maldita violencia creada por la pobreza controlada por los grupos paramilitares del Gobierno de la patria grande."—

—"Todo ese horror que veía a cada momento me llenaba de angustia e impotencia, y de una tristeza que no sé cómo aguanté tanto tiempo. No sabía qué hacer mientras veía pasar los cuerpos de esas mujeres flotando cubiertas de gallinazos. Lo peor para nosotros en el bohío era la imposibilidad de sacar los muertos para ayudarlos y tratar de darles un poco de amor y una cristiana sepultura."—

"A mis dos hijos me los habían desaparecido los paramilitares hacía varios años, cuando vivíamos en el pequeño pueblo de Caucacia.

Yo era profesora de ciencias naturales en una de las escuelas de bachillerato del lugar. Mis hijos eran jóvenes, bellos y muy sanos, iban a la escuela y soñaban con ir a la universidad. De un día para otro me los desaparecieron. Nunca más supe de ellos.

Me cansé de buscarlos por todos los rincones. Nadie sabía nada, y ni a mí, ni a mi esposo nos dieron razón de ellos, al contrario, nos amenazaban de muerte en casi todos los sitios si seguíamos buscándolos. Uno tras otro, mis dos hijos se fueron quedando en el recuerdo de mi vientre cuando los engendré, aún los siento dentro de mí cuando les pienso. También, por el mismo dolor fue desapareciendo mi vida. A los pocos meses murió mi hombre, el que más he querido en este mundo, el Anselmo mi marido. Murió de pena moral y de tristeza. Murió de impotencia ante la injusticia, la impunidad y la violencia cotidiana."

—"Por eso un día, años después, ya sola en este mundo, no aguante más. Agarré mis ahorros y me vine a Aguablanca, en Cali. Aquí me compré un rancho pequeño donde pasar en paz los pocos años que quizás me queden. Aquí los negros me respetan, me ayudan y vivo más tranquila. Pasado mañana hará un año que empecé en este trabajo, fue el único que encontré, vendiendo cigarrillos, licores, jugos y empanadas.

¡Qué cosa tan difícil es!, señores, ver y sentir el dolor de cada persona que viene a recoger sus muertos en la clínica del frente y verlos tomarse un aguardiente para ahogar su pena."—

—"Ay, señores, a ustedes dos que parecen ser hombres de paz, les quiero decir que cada uno arrastra muchos muertos encima.

Yo, que creía que al dejar mi pueblo me alejaba de la muerte, miren donde he terminado, en este infierno grande de Cali, en esta tienda viendo todo el día el ir y venir de la muerte a través del llanto de los seres queridos que vienen a recoger los cadáveres. Es como si la muerte estuviera a cada segundo detrás de mí persiguiéndome en todas partes".—

La señora dio un largo suspiro para terminar diciéndonos: —"Ahora estoy más muerta que viva después de ver tanto muerto vivo lleno. ¿Pero qué puedo hacer y adónde puedo ir si no tengo familia cercana ni nadie que me quiera? No tengo a nadie quien le importe mi vida. Esta es la patria grande que nunca imaginé ni soñé para mis hijos.

"Hoy todo es horror, desolación y tristeza, con la compañía inseparable del terror cotidiano para los que somos pobres. Colombia es una tierra sin esperanza, donde la gente por fin descansa cuando muere de ver toda esta violencia y miseria sin límites. Aquí no existe el derecho a la alegría, ni mucho menos la posibilidad de ser feliz. O la ilusión de obtener la felicidad o de trabajar por ella con la comunidad. La indiferencia de este pueblo con el otro, es única en el mundo. Aquí asesinan a todos y se mueren todos, y a nadie le importa".

Mi tío Fabio y yo escuchábamos en silencio a la señora y apenas nos mirábamos, impresionados por el relato. –"No sé si es que frente a la muerte ya por fin somos lo que somos.— Mientras esperábamos la llegada del coche mortuorio, nos habíamos bebido una botella de aguardiente. De repente, mi tío preguntó por los hermanos de mi padre, pues notó su ausencia en esos momentos.

Yo le respondí: "¿Qué se puede esperar de ellos si lo único que les ha interesado en toda su vida es el dinero? De esos "hermanos" y "primos" lo único que se puede esperar cada día es la traición y la ingratitud. Tío, escúchame, por eso es que este país de mierda está como está. Porque a todos esos y a sus amigos lo único que les importa es el oro y los dólares. Nada ni nadie más…"

En esto, entró un hombre a la tienda, mi tío lo miró atemorizado. Yo, que estaba de espaldas, me giré hacía la puerta y también sentí mucho miedo. Era un hombre extremadamente flaco de más de 1.95 centímetros de estatura, vestido de frac, corbatín negros sobre su camisa blanca. Su piel negra resaltaba como el carbón de mina y su rostro carecía de expresión. Impávido y silencioso, nos miró de arriba abajo.

—¿Quién de ustedes es el señor Gorka? —preguntó con voz gruesa y profunda.—Soy yo —le respondí levantándome de la silla—.

¿Es usted el hombre que conduce el coche mortuorio?

—Sí, señor, y perdone usted —respondió el hombre negro. —No hay por qué, es su trabajo.— Estoy a su servicio, vengo a recoger el cadáver.

—Sí, señor, vamos.

Nos despedirnos agradecidos de la doñita de la tienda y cruzamos la calle a recoger el cadáver. Según mi impresión, el hombre estaba bastante familiarizado con la institución, lo delataba la soltura y confianza con que se movía por los espacios para llegar a donde se firma y nos entregan el cuerpo.

Ya en la habitación, me quedé con mi tío y el hombre salió sin mediar palabra a traer el ataúd. Regresó con el cajón y la camilla rodante, entre mi tío y yo alzamos la bolsa azul y lo metimos en la caja con cuidado, mientras el hombre nos miraba indiferente. Abrí el cierre otra vez de la bolsa plástica y le di dos besos a mi padre en cada una de sus mejillas. Le tomé su mano izquierda, la apreté fuertemente y le di un beso en ella. Luego cerré el cajón y salimos.

—Yo me voy en el auto para tener cómo regresar después, ándate vos con el hombre — sugirió mi tío.

—Listo —le respondí.

Me subí al coche fúnebre con el conductor y salimos cruzando las calles de Cali que tiempo a tras había recorrido con mi padre cuando era niño y en las que me llevaba de la mano durante mis primeros años. Nadie nos miraba, al contrario, nos abrían paso.

Ya en la mitad del camino, frente al parque de las banderas de Latinoamérica, el chófer las miró fijo, me miró callado y de forma inesperada, en el semáforo de la siguiente esquina, se agachó y sacó una botella de aguardiente de debajo del asiento. La abrió, se tomó un trago largo y la cerró, diciéndome sonriente:

—Creo que necesita un trago, señor Gorka.

—Claro que sí —y bebí el que me ofrecía—. ¿De qué ciudad venís? —le pregunté.

—"Vengo de un moridero de negros" —me contestó riendo de nuevo. —¿Cuál de tantos?— Del puerto de Buenaventura. —¿Y hace cuánto estás en Cali?

—Aquí llevo más de dos años. —¿Qué tal la vida aquí?

—Mejor que en el puerto, al menos pude encontrar este trabajo.

—¿Y por qué te viniste del puerto? —Es una larga historia y muy triste. Si quiere se la cuento. Así pasamos el tiempo mientras llegamos a la funeraria.

—Claro, hombre, cuénteme.

Pero antes dígame, ¿usted cómo se llama?

—"Checho, soy el mayor de siete hermanos: cuatro hembras y tres varones. Toda esta historia comenzó una tarde en que mi hermana desapareció, hace ya nueve años. Ese día llovía mucho, parecía un diluvio, era semana santa y hubo una tormenta que duró cerca de tres días. A lo lejos, pero muy lejos, hubo sonar de tambores. Nadie supo de dónde venían exactamente, pero fue selva adentro, al final nadie supo qué ocurrió esa noche; sin embargo, en el puerto recuerdan el interminable sonido de los cantos y tambores lejanos, la misma noche en que desapareció mi hermana. Después nadie volvió a saber de ella, la buscamos por todas partes y nunca la encontramos.

Mi madre y mi padre se fueron enfermando del dolor de su ausencia. Yo acababa de terminar mi bachillerato y, pues, sin tener con qué pagar una universidad, me metí a trabajar de pescador, pero era un trabajo muy duro, en la noche y de mucho riesgo. A los pocos años, sin trabajo, ya con la vieja enferma de cáncer y mi padre de diabetes, una noche vino un amigo del barrio y me propuse trabajar en una finca de administrador. La paga parecía buena y convencido y contento, me fui con él cerca de la selva, adonde supuestamente estaba la finca.

—A dos horas de Buenaventura, en dirección a Cali, entramos en un lugar donde había varias casetas grandes y unos ranchos a medio hacer. Yo le pregunté a mi amigo cómo era la cosa.

Aquello no parecía una finca sino un campo de la guerrilla o de los paramilitares. Él me respondió que estuviera tranquilo que ya me iba a presentar a los encargados de la finca. Entramos en un rancho de esos y al momento entraron varios hombres armados con fusiles y nos saludaron muy amigablemente. Yo no sabía quiénes eran. Uno de ellos nos dijo muy serio, con voz de mando:

"Aquí está su futuro, negro. Va a trabajar por la causa con nosotros, las Autodefensas Unidas de la patria grande".

Yo casi me cago del susto. Pero el hombre, riendo al ver mi sorpresa, me dio unas palmadas en el hombro intentando calmarme: "Tranquilo, mi negro que todo es por la causa". Yo no sabía de qué causa me estaba hablando ese hombre – ya con cara de asesino en ese segundo. Después mi amigo me dijo despreocupado: "Vamos a descansar, mañana charlamos con calma"—Así fue que nos fuimos a otro rancho cercano que mi amigo conocía. Al llegar aparecieron dos mujeres sabrosas, vestidas con uniformes camuflados y nos pusieron charla mientras abrían una botella de ron que sacaron de una caja de icopor, donde también había hielo y coca cola. Todo fue que terminamos entrepiernados con las dos mujeres y nos despertaron a las 5:00 a. m., cuando según ellos comenzaba el entrenamiento.

En mi vida había visto un arma, y de un momento a otro me vi con un fusil en las manos y con gente extraña en las mismas circunstancias. Le pregunté a mi compadre ¿dónde me había llevado? y me respondió: "Tranquilo, mi parroquia, que ya se va a ir adaptando". Así es la vida en este país, a las buenas hay que bailar al son que le toquen sin poder decir que no. El hecho fue que terminé metido sin querer y bajo amenaza de muerte trabajando con los paramilitares hijos de puta. Me convertí en otro hijo de puta más, porque eso es lo que son todos ellos, unos perversos asesinos mal nacidos que solo han sembrado terror por todo el país.

—Me quedaba espantado por aquellos días al ver las joyas y relojes que usaban y que cargaban como seña de identidad. Ahora estaba entre todo aquello que más había odiado en mi vida, asesinos y gente sin ningún escrúpulo ni moral: "hombres" que lo único que hacían era matar a otros por dinero. Y lo peor es que después de unos días, descubrí que se ufanaban de sus crímenes y lo hacían con gran placer, de violar y matar a niños, mujeres y ancianos. Pero me tocaba comer callado y aguantar, si no me mataban sin chance de respirar y menos aún protestar. —Los meses de entrenamiento militar fueron pasando y ya comenzábamos a salir a diferentes veredas y al mismo puerto. Ellos tenían la información de a quién había que ajusticiar. No les importaba sino ver correr sangre. Eran asesinos natos y sin perdón. Su misión y proyecto de vida era muy limitado pero eran felices en ello. Ya con el entrenamiento que nos habían dado en unas semanas, me convertí en un asesino, una bestia asquerosa y salvaje que solo mataba por matar y hasta lo disfrutaba también. Y más, después de que en los últimos dos años teníamos la presencia de los monos ojiazules que nos entrenaban y felicitaban, lo mismo que en la guerra de El Salvador.

El Checho en su relato me contaba de quienes hablan enredado, de aquellos que nos metieron en la mente cuando niños y que supuestamente salvaban en la selva a los pequeños, los ancianos y las mujeres, los autollamados "tarzanes modernos". El rubio benefactor, el salvador de la humanidad y de todos sus males, el mono rubio y ojizarco que hablaba otro idioma y que iba entrando por tu casa como si fuera la suya... pero nunca podíamos entrar en la de él. Ellos nos entrenaron los cinco últimos años. Era algo muy cruel que no podré nunca describir. Cada vez que teníamos enfrentamientos en el monte o en la selva y terminaban heridos en la otra parte, el primero en entrar matando a los sobrevivientes era el rubio de ojos azules y de habla enredado.

—Él siempre nos decía: "Disparen a las piernas, así los compañeros tienen que llevárselos heridos y son mínimo dos para cargar un herido, de esa forma son menos los que nos disparan mientras escapan y se llevan los heridos". Por lo mismo, en cada enfrentamiento disparábamos a las piernas o de la cintura para abajo. Cada vez que se terminaban los enfrentamientos armados con el enemigo, el rubio entraba de primero y buscaba más que todo a las mujeres heridas.

Si encontraba alguna mal herida o muerta, la rasgaba con el puñal y le quitaba toda la ropa y el uniforme camuflado. Al estar desnudas, él hacía lo mismo, se desnudaba frente a nosotros con una parsimonia y frialdad indescriptibles, lleno de risas, y las violaba en medio de la sangre que todavía salía de sus cuerpos por las heridas hechas mediante los tiros de fusil que habíamos disparado nosotros.

Después se desnudaban el uno, el otro y uno por uno íbamos violando a todas las mujeres que habían caído muertas o heridas en el combate... A todas.

—Eso es una rutina en la guerra de la patria grande. Y era costumbre en toda la región. Hasta que un día horrible, tras nueve horas de hostigamientos, disparos y explosiones interminables, llegó el silencio. Para nosotros, cuando llegaba el silencio era que llegaba la muerte, era que todos estaban muertos al otro lado. Tras un largo rato y antes de que anocheciera, fuimos a ver qué pasó. Encontramos a cinco mujeres y ocho hombres ya muertos o mal heridos. El rubio, como siempre, entró de primero y remató a tiros a los sobrevivientes, luego buscó la más bonita de las muchachas, le quitó toda la ropa sin preocuparse por sus quejidos o darle un poco de agua, tal como ella pedía mientras agonizaba. Apartó el fusil y todos los elementos de guerra, los puso a su lado, como algo rutinario, se desvistió eufórico y con toda frescura nos miró atacado de risa al grupo. Desnudo empezó a cogérsela, y cuando se cansó de darle por delante y por detrás al cuerpo moribundo de la guerrillera, se levantó y entre risas y con voz de mando militar dijo: "Quién sigue...", y así fue primero uno, luego otro, los otros y los otros.

Cuando me tocó a mí, me desnudé y... algo raro sentí en esos momentos, algo que nunca me había pasado en los últimos años. Oí sonar de tambores y cantos a lo lejos, pero esta vez los sentí muy cerca. Me invadió el miedo, mucho miedo, y escuché nuevamente el rumor del río, la brisa a mi lado, el caer de las hojas, el sonido de los besos que me había dado mi negra loca hacía unos años; escuchaba el grito interminable y desesperado de los micos mirándonos en la distancia, protestando por esos actos de violencia que estábamos cometiendo entre los últimos rayos del sol cayendo en el atardecer. Sentía algo raro que nunca había sentido. Me acerqué más y más al cadáver de la mujer guerrillera que se hallaba de espaldas a mí, y al voltearla para continuar lo que ya los otros habían hecho, entre la sangre que cubría su cara, advertí unos rasgos extraños y remotamente conocidos... Sentí algo muy raro y muchos recuerdos de infancia se agolparon en mi memoria en esos momentos. Con mis manos y unas hojas le limpié la sangre del rostro, no sé porque lo hacía con ternura, quizás con piedad. Sorprendido y temblando del susto, descubrí lo que era: mi propia hermana desaparecida nueve años antes.

—Me paralicé y me eché para atrás de su cuerpo unos metros.

Atrás escuchaba las risas de los otros. Ignoraban el porqué de mi susto ante aquella mujer.

No dije nada. Me quedé en silencio, desnudo.

Mirándolos, cogí mi fusil y una granada... Solo recuerdo que me di la vuelta hacia el grupo y disparé como un loco. Lancé la granada a todos aquellos que celebraban y tomaban ron, a todas esas bestias asesinas que me habían convertido en otra bestia y asesino igual que quienes acababan de matar y violar a mí hermana. Los maté a todos. Eran quince. No les di tiempo de nada. No tuve compasión ni piedad con ninguno. A todos los rematé en el suelo de la misma manera que habían hecho con las mujeres, hombres, niños y ancianos, a quienes nos habíamos enfrentado en una guerra sin razón.

Después de asegurarme de que no quedaba nadie vivo, me acerqué a mi hermana, la abracé y lloré desconsolado por un tiempo que me pareció horas con su cadáver en mis brazos, allí a la orilla del río, en medio de la selva y el sonido imparable de los micos y demás animales, acompañándome como testigos de mi dolor.

No podía creer, ¡no!, Dios mío, ¿por qué? Ella en mis manos se transformó en la niña que era en el rancho de mis viejos, con todos mis hermanos, con todos los del moridero de Buenaventura. Aquella niña que soñaba con ser enfermera y ayudar a todos en la invasión. ¿Ahora ya qué?, me preguntaba sosteniéndola en mis brazos, ya muerta por disparos de fusil.

—Cayendo la noche, con ella desmadejada en mis brazos, caminé unos cien metros. A la orilla del río, en un claro de selva, bajé su cuerpo y puse encima todas las piedras que había alrededor.

También deposité todas las lágrimas de aquellas mujeres, niñas y niños que nos rogaron que no matáramos a sus hermanos, a sus papás. Llorando desconsolado por el horror, regresé donde yacían los paramilitares a quienes maté, agarré otro fusil y más munición y empecé a correr hacia la carretera, pero antes les lancé dos granadas para estar seguro de que no quedara nadie con vida. Próximo a la carretera, en plena noche, me quite el camuflado y arrimé casi desnudo a un rancho.

Encontré un campesino y le lloré sin parar, pidiéndole que me regalara una muda de ropa de hombre civil, sin armas y no violento. Me vestí, comí algo rico invitado por el campesino y seguí caminando por la carretera con dirección a Cali, arrasado por un llanto imparable. Pasó un camión y aquí me tiene contándole la historia de mi vida.

En la pensión de Barcelona, reunidos los ancianos, el negro Washington tomó la palabra otra vez.

"Les voy a contar lo que ocurrió el día que debía encontrarme con el anciano en la Plaza Real de Barcelona. Ese día yo apenas me estaba despertando cuando me senté frente a él.

—Buenos días. —Buenos días, Washington —dijo el anciano, aquel rubio muy alto—.

¿Cómo la está pasando hoy?

—Muy bien, tranquilo. El hecho de estar con vida en esta Europa, ya es una gran cosa. Y más si uno es negro y colombiano. Pero, bueno, no todos somos iguales. Eso lo aprendí desde niño —le contesté.

—¿Qué tal Barcelona? —me preguntó con mucha curiosidad, y empecé a contarle con detalles.

—Me imagino que es como todos los pueblos grandes. Todo es muy diferente a mi selva ancha y profunda. Aquí la vida es muy rápida. Todo se hace sin pensar ni sentir. Conozco muy poco. Llegué apenas hace unos meses.

—¿Y que ha sido lo más duro en Barcelona?

—Todo. Si no fuera por mis pocos conocidos y dos amigos jóvenes estudiantes argentinos, no creo que hubiera podido sobrevivir en este lugar. Los primeros días lloraba todo el tiempo.—¿Y eso?

—Es que piense usted. Cuando llamo a preguntar por un apartamento, si reconocen mi acento de sudaca colombiano y hombre negro, me tiran el teléfono, me putean o me dicen que el apartamento ya está alquilado. Pero cuando llaman Martín o Martina, mis dos amigos argentinos, a ellos sí les dan toda la información, los tratan con un poco más de amabilidad y los invitan a ver el apartamento.

Más tarde, vamos al piso o al cuarto de alquiler y, apenas me ven los propietarios españoles o catalanes, el habitáculo "se acaba de alquilar".

Después, Martina optó por decir que yo era estudiante, un africano de Liberia, hijo de diplomáticos, y que solo hablaba el inglés. Así me hacían pasar. No se imagina lo que me ha tocado escuchar de la gente cuando Martina y Martín preguntan por los apartamentos que hemos visitado. Muchas veces, lo primero que averiguan es si entiendo español, y ellos dicen que no. Entonces comienza el arrendador a hablar en confianza... "Miren, chavales, ¿este hombre no habla español, ah? Mejor, porque así no entenderá lo que les tengo que decir. Miren y no lo olviden. Si yo le alquilo el apartamento a este orangutan de mierda, me echo de enemigos a los demás propietarios del edificio y pierdo todas las amistades.

Por lo mismo, olvídense de que yo le puedo alquilar a este mico uno de mis pisos. A ustedes dos, jóvenes, sí lo haría con gusto, pero no a ese simio en decadencia. ¡Que se vuelva cuanto antes donde nació! Allá está bien con los suyos. Que esos negros mal nacidos sigan viviendo con taparrabos trepados en los árboles. Allá están mejor que aquí en España". Yo no aguanté la rabia, miré al hombre y le dije en español a Martina y a Martín, jalándolos del brazo a cada uno con toda mi fuerza: 'Vámonos que este hombre es el ser más perverso que he conocido en toda mi vida'. Y nos fuimos de una con pasos rápidos sin mirar atrás, lo más lejos que pudimos.

Martina lloraba con lágrimas reprimidas y Martín solo decía: 'Facho, fascista, gorila, asqueroso…'.

No sé por qué, después de quedarnos en silencio unos minutos, ya apartados de aquel lugar, Martina, muerta de risa dijo: 'Oye, Washington, por qué no hacemos lo que dijo ese hijo de la gran puta…'. '¿Hacer qué cosa?', pregunté intrigado. 'Pues ser como piensa la gran mayoría de españoles y europeos ignorantes. Jugar con esos estereotipos prejuiciosos y hacerles ver que los negros y los indígenas de todo el mundo viven vestidos con taparrabos y guayucos en las copas de los árboles tal como creen ellos'. Martina empezó a explicarnos a Martín y a mí. 'Mirá che, te pones un guayuco, te pintamos la cara, te pongo plumas y amuletos de cobre en el rostro y los brazos, y te subís como un verdadero gorila a un árbol de las ramblas'.

"No saben ustedes cómo nos reíamos por horas de aquella idea loca de Martina"

"Puta madre, que lo hago si me ayudan', les dije a los dos. Martina, riendo a carcajadas, insistía: 'Che, negro boludo, tenéis que sobrevivir como sea, y si te toca convertirte en actor de tu propia sobrevivencia, y ser testigo de tu propia vida en esta España del gallego y Aznar, vamos, che Guacho, hagámoslo pero ya".

"No dejaba de reír con estos dos únicos amigos que me ayudaban desde que llegué a Barcelona, y que nunca me discriminaron por ser un negro colombiano. Así fue que en dos días conseguimos las plumas y un trapo de colores de los indígenas wichis de Santafé que Martina había traído de Argentina hacía unos años. Hicimos el guayuco y el taparrabos que me serviría para no exponer las partes nobles, es decir, el culo, las bolas y el miembro.

Lo fuimos preparando y organizando en su apartamento de Paseo de Gracia, donde viven con su padre, un poeta de Colombia.

Daríamos un show extraordinario en las ramblas de Barcelona. En medio de un asado y buen vino, nos reunimos con otros latinoamericanos para contarles la locura que tramábamos. Las risas no paraban y eso se convirtió en una fiesta larga, todo gracias a la idea de Martina y Martín y mi aceptación por exhibirme como gorila trepado en un árbol de las conocidas ramblas."

"El millón de personas que en promedio caminan por allí cada día –según dice Martina – iban a ver a un gorila trepado en un árbol, pero al acercarse verían un negro de carne y hueso mostrando al mundo la realidad de los prejuicios del hombre blanco norteamericano y europeo acerca de la raza negra. Así fue, queridos ancianos, como me empezó a llegar lo que nunca había soñado y lo que menos esperé en esta España del gallego y Aznar."

"Programamos subir a un árbol situado en las ramblas, en una diagonal al McDonald's, junto a la entrada a la Plaza Real, sin embrago, no fui capaz de hacerlo. Era tanta la pena que no paraba de reírme. Pero como "la necesidad tiene de cara de perro", me subí al tercer día. ¡Ay, madrecita santa!, para qué me vine a Barcelona, me decía entre lágrimas trepado en el árbol. Lo mejor de todo fue que Martina días antes llamó a todos sus amigos para informarles y avisarles que pasaran el dato a todo el que conocieran para que fueran a la hora y minuto exactos. Lo mismo hizo el papá, el poeta y escritor colombiano que vivía con ellos. Así que hubo mucha publicidad para mi acto de sobrevivencia. En el momento de subirme al puto árbol, había cerca de doscientas personas mirando mi cuerpo desnudo con plumas en la cabeza, maquillaje en la cara, y guayuco. Eran los únicos recuerdos de mi flaquita bella, allá en las selvas de Colombia, convertidos en risa permanente para todos los presentes. Una "performance internacional", decían los espectadores, y una vergüenza para mí... ¡Donde mi viejo me viera!, me perseguiría con correa en mano por irresponsable y loco. No demoró más de cinco minutos para que se armarse un espectáculo y se arremolinaran los viandantes para ver qué sucedía, como si lo mío fuera un panal de abejas. Desde arriba, los miraba, a todos, sentado en el árbol, en la misma posición que el "El pensador" de Rodin."

—Bueno, un trago doble, por favor, señora Chechi, señor Pacho, y ¡salud a todos los presentes y ausentes! Brindamos una vez más llenos de alegría en la habitación todos los ancianos escuchando el relato del negro Washington. De esa forma, sin darnos cuenta, el negro de Guapi, aquel pueblecito infeliz del pacífico de Colombia, prácticamente se apoderó de la palabra en la velada.

Los ancianos se miraban asombrados entre risas los unos a los otros. ¿Cómo pudo ser que aquel negro que entró como un diablo entre las luces difusas de las velas y la semioscuridad de la noche, y que llegó no sabemos de dónde, se adueñara de aquel espacio nuestro en la pensión de Barcelona?—¡Salud a todos! —dijo Gorka. Y todos brindamos con el negro Washington, que prosiguió con el relato. "Entre dos ramas gruesas de un árbol, a unos seis metros de altura en plena Ramblas, me quedé delirando, tieso y parejo, como buen negro de las selvas del Pacífico Colombiano. Asustado, con un guayuco que prácticamente permitía ver las bolas, el miembro y el culo a todo quien pasaba bajo el árbol. ¡Qué pena, midiocito santo! ¿Para qué vine a Barcelona?, me decía a cada instante… pero la mano venía así y no había nada más que hacer. Con el respaldo de Martina y Martín, saqué fuerzas, cara y cuerpo de "artista" de donde no tenía. Así aguanté unos momentos que cambiaron por siempre mi vida, ya los enteraré del porqué"

"El primer día, trepado allí arriba, puede vi de reojo que Martina sacó, no sé de dónde, una media de vestir, y empezó a pedir contribución a todas las personas que presenciaban la "performance" de un "artista africano".

Imagínense ustedes, señores y señoras aquí presentes en la habitación. Yo era un "artista africano", solo por mostrar mis partes íntimas a todo el mundo, por estar encaramado en un árbol como un gorila a la vista de quien caminase por las ramblas de Barcelona".

Washington culminó su hilarante relato, Gorka quedó meditabundo, mirando las calles a través de la ventana en silencio, y recordando ciertos hechos de su vida pasada que ya les contará.

Continuará…en libros numero II, III, y IV

Toronto 2005, Carlos Echeverry Ramírez